¡Ronquidos!

Para Tom y Oliver y Daniel el artista

JL

Rosen, Michael
Ronquidos / Michael Rosen ; ilustración de Jonathan Langley ; traducción de Cristina Aparicio. -- Bogotá : Grupo Editorial Norma, 2007.
32 p. : il. ; 24 cm. -- (Buenas noches)
Para niños de 3 a 8 años.
Título original. Snore.
ISBN 978-958-04-9395-2
1. Cuentos infantiles 2. Animales – Cuentos infantiles
I. Aparicio, Cristina, tr. II. Langley, Jonathan, 1952- , il.
III. Tít. IV. Serie.
I808.831 cd 21 ed.
A1103236

CEP-Banco de la República-Biblioteca Luis Ángel Arango

Título original en inglés: *SNORE!*
Una publicación de Harper Collins Publishers Ltd. en 1998

Traducción de Cristina Aparicio
Edición de Carolina Venegas Klein
Diagramación de Catalina Osorio Mojica
CC.11567
ISBN 958-04-9395-2
ISBN 978-958-04-9395-2
Impreso por Disonex S.A.
Printed in Colombia - Impreso en Colombia
Junio 2011

¡Ronquidos!

Michael Rosen
Ilustraciones de Jonathan Langley

GRUPO EDITORIAL norma
www.norma.com
Bogotá, Barcelona, Buenos Aires, Caracas, Guatemala, Lima, México, Miami, Panamá, Quito, San José, San Juan, San Salvador, Santiago de Chile, Santo Domingo.

Todo estaba en silencio en la granja.

Perro estaba dormido.

Gato estaba dormido.

Vaca estaba dormida.

Oveja estaba dormida.

Cerdita estaba dormida

y todos los cerditos también.

Todo estaba en silencio hasta que…

¡ronquido!

Y Gato despertó.

Vaca despertó.

Oveja despertó.

Cerdita despertó
y todos los cerditos también.

¡ronquido!

Era tan ruidoso que nadie podía dormir. Ni Gato, ni Vaca, ni Oveja, ni Cerdita, ni todos los cerditos.

¡ronquido!

—¿Qué hacemos para que Perro deje de roncar? —dijo Gato.

—¡Ya sé! —dijo Vaca,
y Vaca se acercó a Perro y
¡atchú!,
estornudó en la
oreja de Perro.

¡ronquido!

—¡Ya sé! —dijo Oveja,
y Oveja se acercó a Perro y
¡buuu!, gritó en
la oreja de Perro.

¡ronquido!

—¡Ya sé! —dijo Cerdita, y Cerdita se acercó a Perro y **¡jee jee!**, gritó en la oreja de Perro. Todos los cerditos también gritaron:

¡jee jee jee jee!

¡ronquido!

—¡Ya sé! —dijo Gato—. ¿Por qué no le cantamos?

—Tal vez así deje de roncar y nosotros podamos dormirnos de una vez.

Entonces
Gato hizo
miauuu.

¡ronquido!

Y Vaca hizo
muuuu.

¡ronquido!

Y Oveja hizo **beee.**

¡ronquido!

Y Cerdita hizo **oinc** y todos los cerditos hicieron **oinc, oinc, oinc, oinc.**

¡ronquido!

Luego, al salir el sol, Gallo despertó y cantó

co-co-ro-co coooo.

Y Perro despertó sobresaltado.

Se fue corriendo por el camino después de un sueño tranquilo y reparador.

Pero Gato, Vaca y Oveja y Cerdita y los cerditos estaban tan cansados que se quedaron dormidos.

¡ronquido!